Wachstum oder Klimaschutz?

Die Geschichte vom (vermeidbaren) Ende der Menschheit in 9.500 Worten

Für unsere Kinder, die geborenen und die noch ungeborenen, denen gegenüber wir verpflichtet sind, ihnen eine lebenswerte Perspektive auf diesem blauen Planeten zu hinterlassen …

Ulrich Seibert

Wachstum oder Klimaschutz?

Die Geschichte vom (vermeidbaren) Ende der Menschheit in 9.500 Worten

Bibliografische Information der Deutschen Nationalbibliothek: Die Deutsche Nationalbibliothek verzeichnet diese Publikation in der Deutschen Nationalbibliografie; detaillierte bibliografische Daten sind im Internet über dnb.de abrufbar

Herstellung und Verlag:
BoD – Books on Demand, Norderstedt

ISBN: 978-3-7543 74368

Es ist nicht die verständigste Spezies, die überlebt; es ist nicht die stärkste, die überlebt; aber die Spezies, die überlebt, ist diejenige, die am besten in der Lage ist, sich an die verändernde Umwelt anzupassen, in der sie sich wiederfindet.
Charles Darwin zugeschrieben[1]

Wissenschaft und Tapferkeit bauen die Größe auf. Sie machen unsterblich, weil sie selbst unsterblich sind. Jeder ist so viel, als er weiß, und der Weise vermag alles. Ein Mensch ohne Kenntnisse ist eine Welt im Finstern. Einsicht und Kraft sind Augen und Hände. Ohne Mut ist das Wissen unfruchtbar.
Gracian (1601 – 1658, in der Übersetzung von Arthur Schopenhauer)

---

[1] https://quoteinvestigator.com/2014/05/04/adapt/

Inhaltsverzeichnis

Über den Autor ...

Ulrich Seibert, Jahrgang 1964, wuchs im Süden Bayerns auf und studierte nach dem Abitur Wirtschaftswissenschaften. Nach dem Abschluss mit einem Diplom arbeitete er für verschiedene Firmen derselben Firmengruppe. Anfang der 2000er-Jahre wechselte er über eine Steuerberatungsfirma als Firmenbetreuer zu einem Arbeitgeberverband.

Etwa 2012 hing er seine Tätigkeit in der Wirtschaft aus familiären Gründen zunächst an den Nagel und widmete sich ganz dem Schreiben, der Politik und der Musik. Es erschienen diverse Kurzgeschichten und Romane. 2019 veröffentlichte er das Buch „Die Diktatur des Monetariats", eine Herzensangelegenheit, mit dem er zum Ausgangspunkt seiner Autorenkarriere zurückkehrte, dem Genre Sachbuch. In diesem Werk versuchte er, wirtschaftliche Zusammenhänge und Machenschaften allgemeinverständlich zu erklären und aufzuzeigen, welche Personengruppen aus welchen Motiven heraus gegen den Keynesianismus (die deutsche Ausprägung davon war die Soziale Marktwirtschaft) geputscht und das System des Neoliberalismus – das System des Rechts des Stärkeren – institutionalisiert haben. Seit Anfang 2020 betreut Seibert auch eine Redaktion namens „Die Diktatur des Monetariats" in einem Münchener Lokalradiosender.

Damit wollte er seinen Ausflug in die wirtschaftspolitische Literatur eigentlich beenden. Doch es kam anders ...

Vorwort

Eigentlich könnte man meinen, dass diese Geschichte völlig überflüssig ist …

… denn sie wurde und wird ständig erzählt, auf allen Kanälen. Niemand kann sich dem Thema Klimaschutz mehr entziehen. Das ist gut … und auch wieder nicht, denn es führt zu Ermüdungserscheinungen in der Bevölkerung: „Warum erzählst du mir das, ich kann das Klima eh nicht retten". Er sprach's, stieg in seinen SUV und fuhr zum Einkaufen zu seinem Lieblingsmetzger um die Ecke.

Warum also eine weitere Version einer Geschichte, die niemand wirklich gerne hört?

Zum einen: Es ist eine sehr wichtige Geschichte. Ich würde fast sagen, es ist die allerwichtigste Geschichte unserer Zeit. Sie handelt von uns, von dir und mir, von jedem und jeder Einzelnen. Sie handelt davon, ob und wie wir gegebenenfalls überleben werden. Momentan ist der Stand dieser Geschichte der eines mittelmäßigen Hollywood-Films zu Beginn des letzten Viertels vor dem Schluss: Wir, die Protagonisten, steuern auf eine Katastrophe zu, einige wenige erkennen die Gefahr, die meisten jedoch können oder wollen sie nicht sehen, einige kochen in der Situation gar ihr eigenes, egozentrisches Süppchen. Noch wissen wir nicht, wie die Geschichte ausgehen wird, doch, dass es ein Happy End geben könnte, ist momentan leider noch nicht abzusehen. Denn die Menschen in diesem Film wehren sich gegen die Erkenntnis der nahenden Katastrophe, ein Element, welches (Drehbuch-)Autor*Innen besonders gern zur Steigerung der Spannung ins Unerträgliche einsetzen.

Zum anderen: Leider werden auf all diesen Kanälen immer nur Teile der Geschichte erzählt. Es wurde alles zum Thema bereits gesagt, bemerkte ein Vorab-Leser völlig zutreffend. Nichts in diesem Werk ist von mir oder neu. Doch noch nirgendwo habe ich bis dato diese Geschichte *im Ganzen* gehört, nicht in einer Kurzform, leider auch nicht in voluminöseren Werken. Als Autor hasse ich unvollständige Geschichten, in denen es vor losen Strängen nur so wimmelt. Um eine Geschichte wirklich verstehen zu können, muss die ganze Geschichte in ihrem Zusammenhang erzählt werden. Das ist die Aufgabe, die ich mir in diesem „Manifest" gestellt habe: In wenigen Worten allgemeinverständlich zu erklären, was bisher geschehen ist und was wir effektiv tun können.

Die Menschheit muss sich jetzt (!) auf ihre Stärken besinnen: Intelligenz, Empathie, Organisationstalent und vor allem Mut, Mut zu radikalen Veränderungen, die einerseits zwingend nötig sind, die uns andererseits aber auch völlig neue Chancen bieten. Denn, wenn wir diesen Mut nicht aufbringen, um endlich zu handeln, dann „handelt" die Natur für uns. Ob uns das Ergebnis dann passt ... oder nicht!

Eines ist sicher: Ein „Weiter so" wird es in keinem der möglichen Enden dieser Geschichte geben ...

Die Zukunft ist unsicher.
Unsicherheit verunsichert.
Verunsicherung lähmt.
Lähmung bedeutet Stillstand.
Stillstand bedeutet ... Tod

Wie alle Geschöpfe auf diesem Planeten wollen auch wir Menschen in erster Linie zwei Dinge: Überleben und Liebe geben und empfangen. So weit, so gut.

Unsere Intelligenz hat uns zur dominanten Spezies auf diesem Planeten gemacht. Jedenfalls denken wir das. Doch ... sind wir intelligent?

Sind wir es wirklich?

Was ist Intelligenz?
Intelligenz ist die Fähigkeit, zu verstehen, zu begreifen, Zusammenhänge zu erkennen, daraus Schlussfolgerungen zu ziehen und daraus Handlungen abzuleiten, die uns weiterbringen, die es uns mithin nicht per Instinkt, sondern ganz bewusst (anders formuliert: rational) ermöglichen, zu überleben und uns fortzupflanzen.

Und was tun wir?
Wir zerstören diesen Planeten. Gut, diese Aussage ist drastisch übertrieben. Bei all unseren technologischen Fortschritten, bei der großen Zahl der Menschen, die auf dem Planeten herumlaufen, haben wir dennoch bei Weitem nicht das Potenzial, unseren Planeten zu zerstören. Wir können einige Parameter darauf verändern, die Zusammensetzung der Luft, die Zusammensetzung des Wassers, die Temperatur von beidem, die Höhe der radioaktiven Strahlung beeinflussen, vielleicht sogar die ein oder andere Meeresströmung umleiten oder aussetzen. Wir

können auch für einige Jahrhunderte das Klima verändern. Aber das war es dann auch schon. Der Planet wird wohl noch ein paar Millionen oder Milliarden Jahre weiterhin seine Bahn um die Sonne drehen, mit uns oder eben ohne uns. Was wir wirklich zerstören, ist … unsere eigenen Lebensgrundlagen. Wir treiben Raubbau an Ressourcen, zu denen Rohstoffe und Energie gehören. Wir produzieren auf Teufel komm raus für schnellen Giga-Konsum kurzlebige Produkte und werfen die daraus resultierenden Abfälle, jedenfalls den überwiegenden Teil davon, einfach so in die Landschaft.

Teil 1: Der Ausgangspunkt

Die Konsequenzen unseres Handelns sind:

- Ein bisher ungekannter Eingriff in das Klima. Die Veränderungen desselben führen bereits jetzt dazu, dass manche Landstriche überflutet werden, andere überhitzt, dass an manchen Orten zu viel Wasser vorhanden ist und an anderen gar keines mehr. Viele Orte auf diesem Planeten werden über kurz oder lang nicht mehr bewohnbar oder für die Gewinnung von Ressourcen nutzbar sein.

- Wir werden immer mehr und wir werden immer gieriger. Um unseren Giga-Konsum aufrechtzuerhalten, machen wir unseren Mitgeschöpfen auf dem Planeten den Lebensraum streitig und das Ergebnis ist eines der größten Artensterben, die *Pacha Mama*, Mutter Erde, je erleben musste. Und was machen wir? Wir stehen daneben und zucken mit den Achseln. Noch scheinen wir nicht begriffen zu haben, dass auch in dem Ökosystem, dem wir als Menschen angehören, alles mit allem in Verbindung steht, dass damit auch unsere eigene Existenz bedroht wird, wenn wir den anderen „Komponenten" des Ökosystems die Existenzberechtigung absprechen. Covid-19 ist nur ein mutmaßliches Beispiel für das, was daraus entstehen kann.

- Wir verbrauchen nunmehr seit Jahrzehnten jedes Jahr weit mehr Ressourcen als auf natürlichem Wege nachwachsen. Ein Indikator dafür ist der Earth Overshoot Day, auf Deutsch: der Erdüberlastungstag[1]. International lag dieser Tag im Jahr 2021 auf dem 29. Juli, aufgrund von Corona ausnahmsweise sogar unter dem Vorjahr. Das heißt, dass alle regenerierbaren Ressourcen bereits am 29.7. verbraucht waren. Wir Menschen leben statistisch

---

[1] https://germanwatch.org/de/overshoot

gesehen also so, als hätten wir 1,7 Erden und nicht nur eine. Den Rest bis zum Ende des Jahres holen wir uns aus der Substanz des Planeten. Und damit schädigen wir den Planeten für uns nachhaltig. Für Deutschland fand 2021 der Erdüberlastungstag übrigens bereits am 5. Mai statt, noch vor China (7. Juni), in den USA sogar bereits am 14. März. Das bedeutet, dass die westlichen Industrienationen im Verhältnis weitaus am meisten zu dieser Entwicklung beitragen und auch die meiste Verantwortung dafür tragen.

- Wir müllen mit dem Ergebnis unseres Giga-Konsums Land und Ozeane – vor allem letzteres – zu. „Gute" Lösung, dort ist der Müll aus den Augen, aus dem Sinn. Und doch ... mittlerweile kommt er zurück und fängt an, unsere Nahrung zu vergiften, Stichwort Mikroplastik. Selbst mit den besten Filtern in riesiger Zahl eingesetzt, können wir das Problem nicht mehr rückgängig machen.

Wie gesagt, all diese Ergebnisse menschlichen Handelns führen unausweichlich in eine Richtung: Zur Vernichtung unserer eigenen Lebensgrundlagen. Bereits in den sechziger Jahren des letzten Jahrhunderts hat eine Gruppe von Wissenschaftlern sich zusammengetan, um zu erforschen, wohin unser Handeln führt. Diese Gruppe nannte sich selbst „Club of Rome"[1] und sie beauftragte Forscher vom M.I.T. mit einer Studie, die herausfinden sollte, was geschieht, wenn wir fortführen, womit wir in den fünfziger Jahren des letzten Jahrhunderts begonnen haben: ein Leben als kapitalistisch geprägte Konsumgesellschaft (weder den Begriff noch die Konsumexzesse gab es jemals zuvor in der menschlichen Geschichte, man kann also kaum von einer Art „Geburtsrecht" des Menschen auf derartigen Konsum sprechen). Das Ergebnis der Studie wurde in dem 1972 (!), also vor fünfzig (in Zahlen: 50!) Jahren, erschienenen Buch „Die Grenzen des Wachstums"[2] veröffentlicht. Das Ergebnis war, grob gesagt, die Berechnung des Zusammenbruchs der menschlichen Zivilisation gegen Mitte dieses Jahrhunderts, irgendwann zwischen 2040

---

[1] https://clubofrome.de/
[2] https://de.wikipedia.org/wiki/Die_Grenzen_des_Wachstums

und 2070, also. 2020 hat Gaya Herrington, die Direktorin einer großen Wirtschaftsprüfungsgesellschaft namens KPMG, die Zahlen aus den siebziger Jahren überprüft … und bestätigt[1].

Bewusstsein für die Problematik

Fünfzig Jahre ist das Problem also schon bekannt, beinahe ein ganzes Menschenleben lang. Und wie haben wir auf diese Erkenntnis reagiert?

Die Wissenschaft hat uns gezeigt, dass wir auf einem Ast sitzen und dass wir dabei sind, den Ast an seinem Ansatz am Baumstamm abzusägen. Und dass wir übrigens nicht über eine Leiter verfügen, um uns rechtzeitig in Sicherheit zu bringen[2] …

Intelligenz wäre, wenn wir aufgrund dieser Erkenntnis zu der Schlussfolgerung gelangen würden, dass wir nicht nur dringend aufhören müssten, weiterzusägen, sondern dass wir vielmehr alles dafür tun sollten, um den Ast, auf dem wir sitzen, zu kräftigen und zu pflegen.

Aber was tun wir? Wir *erkennen*, dass wir den Ast absägen, auf dem wir sitzen. Doch … wir sägen weiter, immer weiter. *The show must go on!* Wir sehen, dass wir in Kürze unweigerlich abstürzen werden, dass es nur eine Frage der Zeit ist, dass dies geschehen wird, und wir wissen, dass wir dieses Ereignis, wenn überhaupt, nur mit den schwersten Blessuren überleben werden. Und doch nehmen wir uns nicht die Zeit, über Alternativen nachzudenken. Eigentlich alle (im Bundestag vertretenen) Parteien in Deutschland denken bestenfalls darüber nach, ein stumpferes Sägeblatt zu verwenden, um uns vielleicht etwas mehr Zeit zu erkaufen, denn – *hey!* – *the show must go on*. Wachstum, Arbeitsplätze, Besitzstandswahrung, ohne all das ist ein Leben doch gar nicht denkbar!

---

[1] https://www.vice.com/de/article/z3xw3x/zusammenbruch-der-zivilisation-in-30-jahren-neue-forschung-bestatigt-mit-studie-von-1972-klimakrise

[2] Diese „Leiter" sah der englische Physiker und Astrophysiker Stephen Hawking in der Besiedelung von lebensfreundlichen Planeten. Was natürlich den Haken hat, dass wir moralisch kaum das Recht hätten, andere Planeten zu „kontaminieren", solange wir nicht in der Lage sind, sorgsam mit dem für uns ohnehin idealen Planeten Erde umzugehen …

Also immer frisch weitergesägt, aber machen wir vielleicht mal ein kleines bisschen langsamer mit einem nicht ganz so scharfen Sägeblatt.

Wir sehen die unausweichlichen, negativen Konsequenzen unseres Handelns und machen unbeirrt weiter. Das soll intelligent sein? Wirklich? Ich nenne es pseudointelligent. Und auf Pseudointelligenz sollte man sich vielleicht nicht allzu viel einbilden ... Echte Intelligenz trägt in sich die Bereitschaft zur Veränderung, sobald erkannt wurde, dass ein Überleben nur über eine Anpassung an geänderte Umweltbedingungen möglich ist.

Wachstum als Motor des Kapitalismus

Was ist Wachstum?
Volkswirtschaftliches, also makroökonomisches Wachstum ist die Kennzahl, die sich ergibt, wenn Umsätze (Waren / Dienstleistungen), die auf betriebswirtschaftlicher (mikroökonomischer) Ebene erwirtschaftet werden, im Zuge der volkswirtschaftlichen Gesamtrechnung aggregiert, also zusammengefasst werden. Die dahinterstehende Kennzahl wird Bruttoinlandsprodukt (internationale Abkürzung: GDP für gross domestic product) genannt.

Warum ist Wachstum im Kapitalismus überlebensnötig?
Das folgende Beispiel ist, zugunsten des leichteren Verständnisses, etwas vereinfacht: Stellen Sie sich vor, Sie seien ein sogenannter Einzelunternehmer. Sie haben ihr ganzes Geld oder einen Großteil davon in Ihr Projekt gesteckt und, um alle Investitionen durchführen zu können, noch eine erkleckliche Summe an Krediten aufgenommen, für die Sie persönlich mit Ihrem Vermögen haften. Für diese Kredite müssen Sie (im Normalfall) Zinsen bezahlen und Sie müssen diese mit der Zeit tilgen (oder umschulden). Außerdem wollen beziehungsweise müssen Sie auch Ihr persönliches Einkommen aus Ihrem Unternehmen bestreiten und ... Ihr eingesetztes Kapital sollte sich verzinsen. Wenn es das nicht tut, wird es schrumpfen, weil es, neben der eventuellen Minderung durch Verluste, ansonsten auch von der Inflation aufgefressen wird.

Was geschieht nun, wenn Sie *keine* Gewinne machen? Das geschieht, wenn, je nach Buchhaltungssystem, die Betriebsausgaben die Betriebseinnahmen, respektive die Aufwendungen die Erträge übersteigen. Dann schreiben Sie einen Verlust. Das kann vielfältige Gründe haben, manche davon sind nicht mal unvernünftige Gründe, wenn Sie beispielsweise gerade Liquidität brauchen und gewinnabhängige Steuerzahlungen vermeiden müssen (Sie „frisieren" also Ihren Abschluss, um möglichst viele liquide Mittel in der Firma zu halten) oder wenn Sie, um Ihr Geschäft zu stabilisieren oder auszubauen, eine Menge Investitionen getätigt haben und wenn wegen der gebuchten Abschreibungen der Gesamtaufwand über dem Ertrag liegt. Aber auf Dauer dürfen Sie sich Verluste nicht erlauben. Abgesehen davon, dass Sie bei Verlusten weder ein Einkommen noch eine Kapitalverzinsung erhalten können (beides kann nur aus Gewinnen generiert werden), wird eine Bank recht schnell nervös werden, weil sie zu befürchten hat, dass Sie Ihre Kredite nicht oder nicht vertragsgemäß bedienen können. Und wenn eine Bank nervös wird, wird es rasch mal eng für ein Unternehmen. Wenn dieses das Vertrauen der Geldgeber nicht wiederherstellen kann oder wenn es keine anderen Geldgeber findet, wird Ihr Unternehmen über kurz oder lang den Gang allen Irdischen gehen. Eine Ausnahme gibt es speziell im Neoliberalismus: Falls Ihr Unternehmen so groß ist, dass es als „systemrelevant" eingestuft wird, dann, aber auch nur dann, springt der Staat mit Steuergeldern ein, um Sie zu retten. Ansonsten heißt es: Exitus!

Und wie macht man Gewinne? Durch Umsätze, die über den Kosten liegen, vereinfacht gesagt. Bis zu einem gewissen Grad kann man Kosten reduzieren, durch Rationalisierung oder über die Nutzung von Synergieeffekten. Doch wenn all diese Potenziale ausgereizt sind, kennen Kosten regelmäßig immer nur eine Richtung: die nach oben, schon allein inflationsbedingt. Damit die lebensnotwendigen Gewinne erhalten bleiben bzw. sich womöglich noch steigern, *müssen* also die Umsätze wachsen.

Dieses über das Bruttoinlandsprodukt aggregierte Wachstum ist also, wie gesagt, für dieses System essenziell. Wenn dieses Wachstum nun bei vielen Firmen gleichzeitig ausbleibt, kehrt sich das volkswirtschaftliche Wachstum um. Wenn Unternehmen sterben (oder auch nur Kosten wegrationalisieren [müssen], um dadurch ihre laufenden Kosten an fallende Umsätze anzupassen), fallen Arbeitsplätze weg. Und wenn die Arbeitslosigkeit eine kritische Marge erreicht, ist regelmäßig Feuer am Dach. Dieser Zustand ist der von Politikern aller Parteien meist gefürchtete überhaupt. Mit Recht! Die Geschichte hat gezeigt, dass regelmäßig furchtbare Dinge geschehen, wenn sehr viele Menschen keine Perspektive mehr haben und ihre Grundbedürfnisse nicht mehr befriedigen können. Der Nationalsozialismus und das daraus resultierende Grauen mögen als Illustration dienen.

Wachstum und Konsum

Der Zweck der Wirtschaft ist die Produktion. Die Produktion ist die zwingende Voraussetzung für Konsum. Konsum ist die Voraussetzung für Überleben, für Zivilisation. Denn wir alle wollen und müssen essen und trinken, wir wollen ein Dach über dem Kopf, wir wollen Sicherheit. Internet wäre auch ganz nett. Ach ja, mobil sein müssen wir auch, das gilt sogar als Qualitätsmerkmal in einer Leistungsgesellschaft! Und für unser Selbstwertgefühl brauchen wir Statussymbole. Die ranzuschaffen, ist anstrengend. Dafür muss man schon etwas leisten[1], was uns in die „Leistungsgesellschaft" treibt. Und um da nicht auszubrennen, brauchen wir Urlaub, möglichst zweimal im Jahr. Und möglichst ganz weit weg. Dorthin, wo Natur und Strände noch „unverbraucht" sind. Und klar, wenn die Kinder das neueste Ei-Dingsbums nicht bekommen oder gar die Klamotten ihrer Geschwister auftragen müssen, werden sie gemobbt, das geht natürlich gar nicht.

Und weil wir so viel mehr brauchen bzw. mehr verbrauchen als wir eigentlich zum bloßen Überleben bräuchten, sind wir eine sogenannte Konsumgesellschaft. Bedeutet, wir verbrauchen unter anderem eine ganz hübsche Stange Energie. Selbst wenn Sie nur auf dem Balkon sitzen

---

[1] Es wird an dieser Stelle darauf verzichtet, den Begriff „Leistung" näher zu betrachten, doch dem geneigten Leser wird geraten, sich damit etwas auseinanderzusetzen, insbesondere mit dem Begriffswandel in neoliberalen Zeiten … zum Beispiel hier: https://www.ssoar.info/ssoar/bitstream/handle/document/17381/ssoar-2006-schatz-flucht_zuruck_nach_vorn.pdf

und ein kühles Bierchen zischen, verbrauchen Sie Energie (Herstellung des Biers, Transport des Biers zu Ihnen nach Hause, Kühlschrank). Um Ihr Auto vorwärtszubewegen oder auch, wenn Sie den öffentlichen Verkehr nutzen, verbrauchen Sie Energie. Um telefonisch erreichbar zu sein oder zu chatten, verbrauchen Sie Energie. Und sollten Sie im Besitz digitaler Bitcoins sein, verbrauchen Sie, obwohl das für Außenstehende kaum erkennbar ist, ganz besonders viel Energie.

Außerdem sind unsere Produkte heute so konstruiert, dass sie möglichst regelmäßig kaputtgehen. Stichwort: (geplante) Obsoleszenz[1]. Bedeutet: Es gibt Soll-Bruchstellen in den Produkten, denn die *sollen* kaputtgehen. Damit man neue Produkte kaufen muss. Und da die Industrie die Sachen so konstruiert, dass eine Reparatur sich meist nicht lohnt, kurbelt sie damit ihren eigenen Umsatz an. Denn der Umsatz muss – wie zuvor gezeigt – steigen, immerzu steigen. Gewinne müssen her, sonst, wie bereits dargestellt, geht es unserem Arbeitsplatz womöglich an den Kragen. Unser Konsum ermöglicht Wachstum und Wohlstand. Gut, der Wohlstand fließt im Neoliberalismus überwiegend einer eher überschaubaren Gruppe an Menschen zu, aber es wird ohne Zweifel jede Menge materieller Wohlstand kreiert. Die Entwicklung der Vermögenswerte der Superreichen gibt darüber beredte Auskunft.[2]

Konsum und Ressourcenverbrauch

Doch leider, ohne Ressourcen geht es nicht. Ohne Wasser, Getreide und Energie lässt sich nicht mal ein einziger Laib Brot herstellen. Produktion (und damit Konsum) benötigt ausnahmslos immer Ressourcen. Das ist ein Naturgesetz. Je höher unser Konsum ausfällt, desto mehr Ressourcen werden verbraucht, auch das ist eine Binsenweisheit.

Wir haben bereits vom Earth Overshoot Day gesprochen. Und dieser Indikator sagt uns, wie hoch unser Ressourcenverbrauch im Verhältnis zu den nachwachsenden Ressourcen ausfällt. Und da sieht es weltweit

---

[1] https://de.wikipedia.org/wiki/Obsoleszenz
[2] https://www.oxfam.de/unsere-arbeit/themen/soziale-ungleichheit

ziemlich mau aus. Und noch viel mauer wird die Situation, wenn wir uns ansehen, wer ganz besonders viel verbraucht, das sind nämlich wir, die wir in den Industrienationen leben. Sehr, sehr viele Menschen haben bei Weitem nicht die Möglichkeit, einen solchen Verbrauch auch nur annähernd zu erreichen und ... wenn sie es denn täten, in einem Wirtschaftssystem wie dem gegenwärtigen, dann bräuchten wir fünf Erden ... mindestens! Also dürfen „die Anderen" gar nicht erst anfangen, uns Industrienationen in Sachen Konsum nachzueifern, richtig? Richtig! Und auch wieder ... *nicht* richtig.

Bevölkerungswachstum als Konsumtreiber

Und dann gibt es da noch das Problem, dass wir Menschen auf der Erde immer mehr werden, und zwar überwiegend just in den Ländern, die konsummäßig unter dem internationalen Durchschnitt liegen. Und immer mehr Menschen auf dem Planeten bedeutet automatisch und logischerweise immer mehr Konsum.

Kriege, Seuchen, Gewalt könnten dazu beitragen, dieses Problem schnell und effektiv zu „lösen". Ich traue der Menschheit durchaus zu, dass einige Gruppen derartige „Lösungen" längst hinter vorgehaltener Hand diskutieren. Doch weder ist das eine menschlich vertretbare „Lösung", noch ist sie nötig, denn wir halten den Schlüssel zur Lösung des Problems der Überbevölkerung schon längst in Händen. Sicher, der Zusammenhang wird jetzt stark vereinfacht wiedergegeben, aber die Statistiken zeigen uns eindeutig, dass in jedem Land, in dem die Menschen mehr Bedürfnisse als die bloßen Grundbedürfnisse decken können, das Bevölkerungswachstum nicht nur zurückgeht, sondern sich sehr oft sogar umkehrt ... so wie bei uns in den sogenannten Industrienationen[1]. Um das Problem zu lösen, müssten die Menschen in den vom exorbitanten Bevölkerungswachstum betroffenen Ländern eigentlich viel mehr konsumieren können ...

---

[1] https://de.wikipedia.org/wiki/Bevölkerungsrückgang

Ich weiß, ich weiß, ein signifikanter Widerspruch zu dem, was zuvor gesagt wurde: Dass eine Ausweitung von Konsum Gift für Klima und Umwelt ist. Wir kommen später auf das Thema zurück, versprochen!

Ressourcenverbrauch und Klima-/Umweltschutz

Im Wesentlichen gehen alle Klima- und Umweltproblem darauf zurück, dass wir weit mehr Ressourcen verbrauchen als der Planet uns „freiwillig" gibt. Die erneuerbaren Energien für unsere Produktion, unsere Mobilität, kurz, für unseren Konsum, reichen bei Weitem nicht aus. Obwohl, nebenbei gesagt, auf diesem Planeten weitaus mehr erneuerbare Energien vorhanden wären, als wir jemals nutzen können. Doch, solange wir „billige" Brennstoffe aus der Erde kratzen und pumpen können, sind alternative Energiequellen wie Gezeitenkraftwerke einfach zu „unwirtschaftlich" … und werden daher nicht realisiert. Dabei ist das ein großer Irrtum. In der Wirtschaftswissenschaft kennt man den Begriff der „externen Effekte", die immer dann auftreten, wenn in der Produktion anfallende Kosten nicht gemäß dem Verursacherprinzip vom Produzenten übernommen, sondern wenn diese auf die Allgemeinheit abgewälzt werden. Ein Beispiel dafür: Bei der Atomkraft sind die externen Effekte extrem hoch, denn der größte Teil der Kosten, beispielsweise für die sichere Endlagerung nuklearer Abfälle (von der, nebenbei gesagt, noch gar nicht feststeht, ob sie technisch überhaupt möglich ist …) wird nicht von den Betreibern der Atomkraftwerke getragen, sondern vom Steuerzahler, mithin von der Allgemeinheit. Ansonsten würde es nämlich ziemlich übel aussehen für die Profite der Betreiber und die behauptete Wirtschaftlichkeit von Atomstrom. Selbiges gilt für den Ausstoß von Treibhausgasen bei der Verheizung fossiler Brennstoffe. Es geht dabei beispielsweise um die Kosten, die der Klimawandel mit sich bringt. Gerade erst wurden beispielsweise durch Starkregen massive Schäden in Nordrhein-Westfalen und Rheinland-Pfalz verursacht. Diese Schäden werden zu einem Großteil von der Allgemeinheit bezahlt, nicht von denen, die die fossilen Energien fördern oder verbrauchen. Wenn man diese Kosten gemäß dem Verursacherprinzip auf die fossilen Brennstoffe aufschlagen würde, was man fairerweise in Übereinstimmung mit den gängigen Wirtschaftstheorien tun müsste, würde die Kostenbilanz der erneuerbaren Energien völlig anders aussehen, dann wären in der Tat die erneuerbaren Energien die konkurrenzfähigen[1].

Man kann die Sache drehen und wenden, wie man will, doch man kommt immer wieder zum selben Ergebnis: Die Klimakrise, das Artensterben, der Raubbau an Ressourcen sowie die Verschmutzung von Umwelt und Ozeanen geht darauf zurück, dass wir Menschen uns weitaus mehr Ressourcen genehmigen, als wir dem Planeten auf erneuerbarem Wege entlocken können, dass wir, mit anderen Worten, Raubbau an der Natur betreiben.

Zwischenergebnis

- Kapitalismus braucht Wachstum

- Wachstum braucht Konsum

- Konsum verursacht Ressourcenverbrauch

- Ressourcenverbrauch über das Maß, das auf dem Planeten natürlich „wächst" (erneuerbare Ressourcen), bringt das Klima zum Umkippen und zerstört Umwelt und damit Lebensgrundlagen

Ergo sind Kapitalismus und Klima- / Umweltschutz nicht miteinander in Einklang zu bringen. Das ist nicht „Ideo-Logik", sondern pure, unwiderlegbare Logik.

Wachstum und Klimaschutz sind demnach wie zwei Enden eines langen Bretts, welches man in der Mitte wie eine Wippe aufhängt. Wer den Klimaschutz vorantreiben möchte, das entsprechende Ende der Wippe also nach oben hievt, senkt notgedrungen das andere Ende damit ab, was bedeutet, dass er oder sie das Wachstum herunterfährt. Wer Wert auf Wachstum legt, kann dies nur um den Preis tun, den Klimaschutz

---

[1] Vgl. Gutachten von 2006: https://www.bürgerprojekt-photovoltaik.de/downloads/bmuexternekosteneekostenstromerzeugung.pdf

niedriger zu priorisieren. Das ist so, ohne Wenn und Aber. Klimaschutz und Wachstum sind Größen, die zumindest momentan, also im jetzigen Wirtschaftssystem und den de facto existierenden Produktions- und Konsumstrukturen, nicht miteinander vereinbar sind. Klimaschutz *und* Wachstum, so wie die Union das gerne möchte, ist physikalisch nicht möglich, denn diese Wippe ist erbarmungslos hart und lässt sich nicht durchbrechen.

Was uns unweigerlich zur Frage bringt: Wenn nicht Kapitalismus, was dann?

Das Dilemma der Politik

Uns bleiben vielleicht noch drei, vielleicht auch noch fünf Jahrzehnte, bevor die Menschheit unwiderruflich in einen Abgrund stürzt, aus dem es kein Entrinnen und in dem es keine Rettung gibt. Und noch immer traut sich niemand in der Politik, die Säge, mit der wir den Ast, auf dem wir sitzen, absägen, abzusetzen und neue Wege zu gehen … Und das mit vermeintlich gutem Grund. Sehen wir mal von den etablierten Autokratien wie Türkei, Belarus, Ungarn, Russland et cetera ab, die in der Regel politisch weit rechts angesiedelt sind und daher meist noch nicht einmal willens oder, schlimmer, in der Lage sind, dieses existenzielle Problem zu erkennen. In Demokratien sind wir da leider nicht viel besser dran. Denn die politischen Parteien stecken in einem scheinbar schier unauflösbaren Dilemma fest.

Momentan beherrschen zwei Wirtschaftssysteme die Welt. Das eine ist ein Staatskapitalismus, wie wir ihn in China oder in Putins Russland sehen. Das andere ist der Neoliberalismus, das radikal-kapitalistische System, in dem das Recht des Stärkeren gilt und durchgesetzt wird. Die beiden Wirtschaftssysteme sind sich alles in allem recht ähnlich, die Unterschiede zeigen sich unter anderem darin, welcher Personenkreis am Ruder sitzt. Doch die Unterschiede sind für unsere Betrachtung jetzt nicht weiter relevant. Relevant ist hingegen, dass beide Systeme abhängig von Wachstum sind. Ohne diese Komponente können sie nicht überdauern.

Die Lösung dieser Problematik kann nur in langfristigen Zeithorizonten angegangen werden. Politiker denken hingegen in Legislaturperioden. Ihr Ziel ist es, wiedergewählt zu werden, an der Macht zu bleiben (was auch immer das heißen mag), die eigenen Vorstellungen um- oder notfalls durchzusetzen.

Die Politik steht, wie eingangs erwähnt, vor einem unlösbaren Dilemma. Engagiert sie sich auf eine Weise im Klimaschutz, dass der Effekt spürbar ist, muss sie den Konsum massiv drosseln und damit das Wachstum, das daran hängt. Das garantiert ihr aber sichere Einbußen in der Wirtschaft und die Konsequenz daraus dürfte sein, dass die Partei, die sich so engagiert, abgewählt wird und dass – ganz nebenbei erwähnt – Politiker ihre Posten verlieren. Denn für Einbußen gibt es in der Politik keine Punkte und keinen Applaus.

Das dürfte der Grund sein, dass sich keine, wirklich keine der im Bundestag vertretenen Parteien Gedanken über echte, also wirklich wirksame Klima- und Umweltschutzmaßnahmen macht. Nicht einmal die LINKE, denn auch ihr geht es erst einmal um den Erhalt von Arbeitsplätzen. Und auch die GRÜNEN, die sich selbst als die Partei des Klimaschutzes gerieren, haben sich mit dem Neoliberalismus bereits so weitgehend identifiziert, dass sie niemals auf die Idee kämen, ernsthaft die Systemfrage zu stellen.

Leider tritt dieses Phänomen nicht nur in Deutschland auf, es gehört zur politischen Kultur in den meisten Industrienationen. Die Strukturen sind festzementiert. Und genau hier haben Sie den Grund, warum die Säge einfach nicht abgesetzt wird, dazu müsste man alte Strukturen aufbrechen …

Teil 2: Das Ziel

Die Bewahrung der Lebensgrundlagen der Menschheit

In diesen Punkten dürften, beziehungsweise sollten, sich eigentlich die Vertreter aller Parteien und Verbände einig sein, denn hier geht es um ganz simple Zusammenhänge und Logik:

- Wenn wir unsere Lebensgrundlagen nicht schützen und aufrechterhalten, hat die Menschheit in dieser Form keine Zukunft mehr. Für diejenigen, die eventuell überleben, wird ein apokalyptisches Zeitalter anbrechen.

- Der Erhalt von Lebensgrundlagen für alle muss eine höhere Priorität genießen als individuelle Profite oder Besitzstandswahrungen Weniger.

- Wenn wir *jetzt* nicht konsequent handeln … *wann dann?* Etwa, *nachdem* wir den unwiderruflichen Kipppunkt passiert haben?

- Unsere Lebensgrundlagen: Das sind nicht nur unsere Nahrungsmittel, sauberes Wasser und Luft oder Energie. Wir sind Teil eines Ökosystems, ob wir das wollen oder nicht, ob wir uns nun dessen bewusst sind oder nicht. Wenn wir das Ökosystem nicht in seiner Gänze schützen, ist jede Anstrengung, den Fortbestand der Menschheit zu retten, von vorneherein zum Scheitern verurteilt. Wenn die Insekten sterben, wenn keine (oder nicht genügend) Blüten bestäubt werden, gedeihen unsere Nahrungsmittel nicht mehr. Dasselbe geschieht, wenn wir der Bodenfauna, die unsere Ackerböden umgraben, absichtlich oder versehentlich die Lebensgrundlage entziehen. Alles hängt mit allem zusammen und trotz aller Erkenntnisse der letzten Jahrzehnte sind wir noch immer weit davon entfernt, sämtliche Zusammenhänge in unserem Ökosystem zu begreifen. Der Schutz der Umwelt muss also in unserem eigenen Interesse höchste Priorität genießen.

Das Problem wird global oder gar nicht gelöst

Ich komme an dieser Stelle zurück auf das Thema Bevölkerungswachstum. Es hilft alles nicht: Selbst, wenn wir hier in den Industrienationen die Zustände zu aller Zufriedenheit in den Griff bekommen sollten, was momentan noch mehr als fraglich ist, dann können wir den Kollaps, der unausweichlich kommen *muss*, wenn wir einfach zu viele Menschen sind – der Planet ist und bleibt einschließlich seiner Ressourcen endlich und *kann* einfach kein unendliches Wachstum stemmen! – auch nicht aufhalten. Unsere Bemühungen müssen daher von Anfang an global ausgerichtet sein. Das bedeutet bitte schön nicht, dass wir den Menschen in den sogenannten Schwellen- oder Entwicklungsländern vorschreiben dürfen oder können, wie sie zu leben oder zu wirtschaften haben. Das ist auch gar nicht nötig, die sind dort ebenso intelligent und empathisch wie wir hier in den sogenannten Industrieländern. Sie werden tun, was sie tun können und müssen, vorausgesetzt, wir versetzen sie dazu in die Lage.

Wie gesagt, das Problem ist viel zu komplex, um es hier in ein paar Worten wiederzugeben, doch bleibt mir an dieser Stelle leider nichts anderes übrig als drastisch und damit leider auch verfälschend / verallgemeinernd zu vereinfachen. Ich habe bereits auf den nachweislichen statistischen Zusammenhang zwischen Wohlstand und der Entwicklung des Bevölkerungswachstums hingewiesen, der besagt, dass, wenn die Grundbedürfnisse etwas übergedeckt werden können, das Bevölkerungswachstum zurückgeht. Das wird nicht in jedem Fall gelingen, denn es gibt in anderen Ländern Traditionen, die es bei uns nicht (mehr) gibt. Zum Beispiel die Tradition, dass die Zeugung eines Sohns als Erbe des Familiennamens quasi zur nationalen Pflichterfüllung gehört. Und wenn man in solch einem Kulturkreis neun Kinder zeugen muss, damit das neunte „endlich" ein Junge wird, dann wird man diese Tradition mit mehr Wohlstand allein kaum aushebeln können.

Aber sehr oft liegt der Grund für Kinderreichtum ganz woanders, nämlich in den Sozialsystemen. Präziser gesagt, in den nicht-existierenden Sozialsystemen. In Ländern, in denen es keine Armenunterstützung und keine gesetzlichen Renten gibt, sind die Eltern im Alter auf die

Unterstützung durch ihre unmittelbaren Nachkommen angewiesen. Wer da keines oder nur ein Kind gezeugt und großgezogen hat, hat, wie man auf gut Deutsch sagt, schlichtweg die Arschkarte gezogen. Vom Staat kommt nichts oder nicht annähernd genug, um davon leben zu können. Ein Kind, das sich wiederum vielleicht verheiratet und dessen Familie dann später die eigenen Eltern und die der Partner*In unterstützen muss und das mit einem üblicherweise sehr geringen Einkommen, wird zur Versorgung der Eltern nicht allzu viel beitragen können. Wenn ein Paar dagegen acht Kinder hat, ist die Chance relativ hoch, durch die Unterstützung aller acht im Alter halbwegs über die Runden kommen zu können. Dieses „System" könnte man vielleicht als die maximal privatisierte Rentenversicherung bezeichnen. Also werden, wie schwer sich das Stopfen einer hohen Zahl hungriger Mäuler in einem Haushalt im Alltag auch immer gestalten mag, viele Kinder gezeugt. Natürlich gibt es diverse andere Aspekte wie fehlende Verhütung (nicht zu vergessen, im Vatikan gibt es noch immer Religionshüter, die Verhütung allen wissenschaftlichen Erkenntnissen über Bevölkerungswachstum zum Trotz noch immer öffentlich als Teufelszeug anprangern … kann man sich nicht ausdenken …) oder fehlende Bildung, die dabei nicht vergessen werden dürfen.

Wer viel gereist ist, hat hoffentlich erfahren, dass Bildung bei den meisten Armen überall auf der Welt hochgeschätzt wird, wenn sie denn zur Verfügung steht und man sie sich leisten kann. Auch gegen ein funktionierendes Rentensystem hätte dort kein Mensch etwas einzuwenden (außer denen, die der Ansicht sind, dass das Ganze „auf ihre Kosten" gehen soll, natürlich). Doch … die meisten Länder sind Äonen vom Aufbau solcher Systeme entfernt. Nicht, weil es am Willen oder Wissen der Bevölkerung fehlt, wie gesagt. Es fehlt schlichtweg am Geld. Nun, nicht überall. In vielen Ländern des globalen Südens gibt es flächendeckend große Armut … und eine kleine Schicht Superreicher, denen der Reichtum ihres Landes fast vollständig zufließt, wie beispielsweise in Nigeria, das momentan noch riesige Einnahmen aus Erdöl (wie gesagt, keine Branche mit Zukunft) generieren kann. Zur Erinnerung, dieses System heißt Neoliberalismus. Neoliberalismus verhindert nicht nur den Ausbau selbst notwendiger Sozialsysteme sehr effektiv, er „funktioniert" darüber hinaus nicht nur auf nationaler Ebene, sondern auch auf internationaler. Wir Industrienationen dominieren als reiche Nationen den Welthandel und wir diktieren die Konditionen. Selbst unsere sogenannte „Entwicklungshilfe" ist mittlerweile überwiegend darauf ausgelegt, eher unsere einheimische beziehungsweise die multinationale Wirtschaft zu fördern, als die „Empfängerländer". Wir plündern die schwächeren Länder aus und nehmen ihnen die Lebensgrundlagen und … wundern uns dann über die „Flüchtlingsströme" der vielen, vielen Menschen, denen wir für unseren eigenen, imperialen Lebensstil jegliche Perspektive genommen haben.

Diese Plünderung der sogenannten „Dritten Welt" geschah zuerst mittels Kolonialismus, heute mittels „Freihandelsabkommen" und anderer Mechanismen. Damit muss nicht nur Schluss sein! Vielmehr müssen sich die Zahlungsströme (bisher fließen für jeden Euro, der in die „Dritte Welt" geht, zwei Euro an die Industrienationen zurück[1]) umkehren. Außerdem ist den Menschen vor Ort Hilfe anzubieten, um Korruption zu verhindern, um sinnvolle Sozialsysteme für sie aufzubauen und vor allem: um ihnen dabei zu helfen, dieselben Fehler, die wir gemacht haben, als wir Konsumgesellschaften errichtet haben, von vorneherein zu vermeiden.

Das bedeutet aber insbesondere für diejenigen, die vom heutigen System profitieren – und das sind überwiegend die Kapitaleigner – eine notwendige Anpassung an neue Gegebenheiten. Wenn die Menschheit nur mit einer Anpassung an die natürlichen Grenzen unseres Planeten überleben kann, muss sie diese von den Mächtigen einfordern und kann, wenn diese nicht freiwillig erfolgt, gegebenenfalls keine Rücksicht auf die Befindlichkeiten einiger Weniger nehmen. Ich spreche in diesem Zusammenhang bitte schön nicht von Umverteilung von oben nach unten, das wäre ein krasses Missverständnis. Ich spreche von einer vollständigen Umgestaltung der Wirtschaft, der Produktion, in der der notwendige Abbau von Produktionskapazitäten nicht mit dem persönlichen Ruin endet. Möglicherweise, aber vielleicht nicht notwendigerweise, brauchen wir eine Form von Gemeineigentum dazu.

-----

[1] https://www.theguardian.com/global-development-professionals-network/2017/jan/14/aid-in-reverse-how-poor-countries-develop-rich-countries

In diesem Kampf ums Überleben kann die Menschheit tatsächlich nur gewinnen, wenn sie global zusammenarbeitet, wenn sie die schönen Sonntagsreden zu gleichen Chancen und gleichen Rechten für alle endlich umsetzt.

Suffizienz – Der magische Begriff für den Weg in die Zukunft

Ich will an dieser Stelle nicht vortäuschen, dass ich den Weg bereits kennen würde, den die Menschheit einzuschlagen hat, das wäre auch höchst vermessen. Aber eines sagt uns die Logik: Wenn der momentane Konsum der Menschheit (und ganz besonders der der Industrienationen) das alles entscheidende Problem ist, dann ist eben dieser Konsum auch der einzig sinnvolle Lösungsansatz: Er muss massiv gedrosselt werden und das so rasch wie irgendwie möglich. Wir haben sogar einen relativ konkreten Ansatzpunkt, um wie viel er zu drosseln wäre, denn das sagt uns der Erdüberlastungstag. Wenn wir am 29.7. bereits alles das verbraucht haben, was wir an regenerativen Rohstoffen / Energie gewinnen können, dann müssen wir für einen ausgeglichenen Haushalt weltweit rund 42% des Konsums der Menschheit zurückfahren. Für uns in Deutschland, deren Erdüberlastungstag bereits auf dem 5. Mai lag, müssten wir sogar um 58 Prozent gegenüber dem Status Quo zurückfahren. Und noch etwas mehr zugunsten der weniger privilegierten Länder auf dem Planeten, um dem Bevölkerungswachstum Einhalt gebieten zu können. Erscheint auf den ersten Blick unmöglich, zugegeben …

Man stelle sich vor … alle Umsätze gingen auf einen Schlag und auf absehbare Zeit um 58 Prozent zurück. In einem kapitalistischen System bedeutete das den kompletten Zusammenbruch der Wirtschaft. Keine Firma könnte mehr ihre Kosten decken, Arbeitskräfte werden zu Millionen freigesetzt und das wäre erst der Anfang eines gewaltigen, alles verschlingenden Teufelskreises. Wenn das geschieht, haben wir ein ernstes Problem. Nur leider bleibt uns zu dieser Konsumreduzierung erst einmal keine Alternative. Wir müssen also ernsthaft über ein neues Wirtschafts- und Gesellschaftsmodell nachdenken, in dem Wachstum unnötig ist, Profite (vermutlich) nicht privat vereinnahmt werden und individuelle Existenzängste nicht existieren.

Nehmen wir mal für einen Augenblick an, wir hätten ein Wirtschaftssystem, das mit solchen Eckdaten klarkäme. Was würde diese Konsumreduzierung für uns, für Sie oder für mich, bedeuten? Verzicht? Müssten wir unser gewohntes Leben an den Nagel hängen? Auto weg, Flugreisen weg, Wäsche mit der Hand waschen? Eigenen Weizen anbauen, eigenes Mehl mahlen, eigenes Brot backen, am Ende gar noch weg mit Formel 1 oder Fußball, weg mit Bayern München? Willkommen zurück in der Steinzeit?

Mitnichten. Das wäre weder nötig, noch würde man die Bevölkerung gewinnen können, einen solchen Weg mitzugehen. Dann schon lieber draufgehen! Oder? Gottseidank gibt es eine Alternative zum Verzicht: die Suffizienz[1]. Dabei geht es im Wesentlichen darum, den Ressourcenverbrauch möglichst gering zu halten. Unter der Nebenbedingung, die Lebensqualität dabei möglichst nicht herunterzufahren, möchte ich anfügen. Ist das denn überhaupt möglich?

Suffizienz – die technologische Komponente

Suffizienz hat eine technologische Komponente, nämlich die, dass einmal im Umlauf befindliche Ressourcen wiederverwendet werden können und tatsächlich auch wiederverwendet werden. Ein weiterer technologischer Aspekt ist der, dass Geräte viele Jahrzehnte lang haltbar sind und bei Bedarf einfach repariert werden können. Dass das technisch gesehen ohne weiteres machbar ist, hat die Geschichte der Technologie längst bewiesen.

Ich zum Beispiel besitze nach wie vor eine mindestens 30 Jahre alte Waschmaschine, die ich vor 20 Jahren für 100 DM gebraucht gekauft habe, die zwar sicherlich schwer genug ist, um das Raum-Zeit-Kontinuum kräftig einzudellen, die aber immer noch ihren Dienst so zuverlässig verrichtet wie am ersten Tag. Es ist also technisch gesehen gar nicht nötig, alle drei bis fünf Jahre eine neue Waschmaschine zu kaufen. Dass viele Geräte kurz nach der Garantiezeit einfach kaputt gehen und dass

---

[1] https://de.wikipedia.org/wiki/Suffizienz_(Politik)

eine Reparatur sich nicht lohnt, ist ja Absicht der Industrie („geplante Obsoleszenz"[1]), um den Konsum aufrecht zu erhalten und künftiges Wachstum zu generieren. Wenn wir auf diese Komponente der Wachstumsmehrung verzichten, ist es relativ einfach, das zu besitzen, was wir brauchen, ohne es ständig neu kaufen zu müssen und, einleuchtenderweise, ohne jeglichen Verlust an Lebensqualität. Von dem Geld, das wir jedes Mal für eine neue Maschine verdienen müssen, ganz abgesehen.

Rechnen wir es mal anhand meiner guten, alten Waschmaschine durch! Wenn ich ein langlebiges Modell wie meines kaufe, dann verzichte ich auf die angenommene Lebenszeit von 30 Jahren gerechnet auf den Konsum von sechs Waschmaschinen, die jeweils nur fünf Jahre halten (auch solche Maschinen hatte ich bereits …). Soweit es den Ressourceneinsatz betrifft, hätte ich mit dem langlebigen Modell 83,3 Prozent ([1 − 1/6] x 100) an Ressourcen eingespart. Ohne Lebensqualität einzubüßen! Und auf einmal sieht eine Reduzierung des Konsums um 58 Prozent vergleichsweise moderat und gar nicht mehr so schwer realisierbar aus … Abgesehen davon, dass wir eine Menge Geld einsparen: Selbst, wenn das langlebige Modell dreimal so viel kostet wie das kurzlebige, haben wir (für die Ökonomen: ohne Zinseffekte) nur die Hälfte der Anschaffungskosten für sechs kurzlebige Modelle im gleichen Nutzungszeitraum ausgegeben!

Und das gilt für viele, viele Produkte unseres täglichen Lebens, Autos, Fernseher, Handys, Kleidung, sogar Nahrungsmittel (Reduzierung von Fleischgenuss!), das gesamte Spektrum könnte ohne Probleme langlebig konstruiert und produziert werden. Natürlich würden Branchen, die ganz besonders wachstumsaffin sind, darunter leiden: Mode und andere trendabhängige Bereiche. Na … wenn's ums Überleben einer ganzen Zivilisation geht!

Noch mehr Ressourcen könnten eingespart werden, und zwar in riesiger Quantität, sobald es nicht länger nötig wäre, beispielsweise tausend Autos pro Tag über das Meer zu verschiffen, und gleichzeitig eine vergleichbare Menge an Autos anderer Marken von dort zu erhalten.

---

[1] https://de.wikipedia.org/wiki/Geplante_Obsoleszenz

Und wenn es uns darüber hinaus zusätzlich noch gelänge, nahezu alle Geräte so zu konstruieren, dass sie leicht zu reparieren sind und dass sie nach Ablauf ihrer Funktionszeit nahezu vollständig recycelt werden können, dann läge der Verbrauch an Ressourcen im Vergleich zu heute bei einem kleinen Bruchteil des heutigen, und zwar, ohne dass wir auf irgendeine liebgewonnene Annehmlichkeit des Lebens verzichten müssten. Suffizienz *ist* technisch machbar, ohne Einbußen in der Lebensqualität!

Nur eben nicht unter ökonomischen Gesichtspunkten im Kapitalismus! Was exakt der Grund ist, warum Kapitalismus ausgedient hat.

Suffizienz – die gesellschaftspolitische Komponente

Wie gesagt: Eine Komponente bekommen wir damit nicht hin: Wachstum. Natürlich würde sich mit der Zeit wieder ein wirtschaftliches Wachstum einstellen, durch technologischen Fortschritt, durch bessere Recyclingquoten und der sich daraus ergebenden Möglichkeit zur Herstellung von an sich überflüssigen „Luxusprodukten", doch muss auch künftig immer darauf geachtet werden, dass dieses niemals mit dem Ziel eines maximalen Ressourcenverbrauchs auf Basis des erneuerbaren Budgets kollidiert.

Ein weiterer Aspekt dieser Umstellung von Produktion / Konsum wäre, dass die Funktion einer Ware als Statussymbol, sei es ein technisches Gadget oder ein Auto, wegfiele. Auch das, nicht immer das neueste Handy haben zu müssen, weil man befürchten muss, sonst schief angesehen zu werden, wäre ein Zugewinn an Lebensqualität. Wir bekämen hier eine Entschleunigung des gesamten Lebens, wenn der Konsum vom *Zwang zum Konsum* befreit würde. Und Entschleunigung hat etwas mit weniger Leistungsdruck zu tun, dem wir ausgesetzt sind und auch das bedeutet wiederum eine Erhöhung der Lebensqualität, es sei denn … Sie sind ein Workaholic, natürlich. Aber ich verspreche Ihnen, auch das dürfen Sie dann weiterhin sein!

Entschleunigung kommt auch durch einen weiteren Aspekt. Wenn weniger an Produkten verbraucht wird, werden mengenmäßig auch weit weniger Produkte produziert werden. Es werden damit deutlich weniger Arbeitskräfte benötigt werden. Sicherlich wird der Sektor der Dienstleistung massiv anwachsen, man denke an Kranken- oder Altenpflege, sogar Jobs in der gesellschaftlichen Betreuung einsamer Menschen könnten entstehen. Momentan nicht, denn … die wären nicht bezahlbar. Wir leben im Neoliberalismus, alles ist Ware, alles muss Profit bringen, sogar der Gesundheits- und der Pflegesektor. Was keinen Profit bringt, wird momentan schlichtweg nicht gemacht, wie sinnvoll auch immer es sein mag.

Wie gesagt, wenn die Produktion massiv sinkt, dann sinkt auch die absolute Menge an Erwerbsarbeitsplätzen. Die Gesellschaft muss also bereit sein, darüber nachzudenken, wie dennoch jede(r) zu seinem Einkommen gelangen kann. Spätestens dann wäre der geeignete Zeitpunkt gekommen, um ernsthaft über ein bedingungsloses Grundeinkommen (BGE) nachzudenken (und damit meine ich nicht den Begriff, den neoliberale Akteure wie Götz Werner geprägt haben, sondern ein Einkommen, mit dem die vollwertige Teilnahme am gesellschaftlichen Leben möglich ist). Natürlich, ich weiß, wovon soll das bezahlt werden? Im Neoliberalismus gar nicht, es ist schlichtweg nicht möglich, es sei denn, man gäbe sich mit einem neoliberalen BGE zufrieden. Für die Zukunft danach lässt sich die Frage seriös tatsächlich erst abschließend beantworten, wenn wir wissen, wie genau unser System der Zukunft aussehen wird, wer die Wertschöpfung übernimmt, wie hoch diese ausfällt, wem deren Früchte letztlich zufließen und wie sich der gesamtwirtschaftliche Kreislauf gestaltet. Bis dahin gestatten Sie mir bitte, es mit dem ehemaligen CDU-Vorsitzenden Heiner Geißler zu halten, der mal gesagt hat, dass es Geld wie Dreck, wie Heu gäbe, und dass es nur die falschen Leute hätten[1].
Ein BGE jedenfalls könnte die Basis sein für eine Menge sozialer Dienstleistungen, die momentan nicht erbracht und doch dringend benötigt würden. Auch hier sehe ich einen massiven Zugewinn an Lebensqualität.

---

[1] https://www.youtube.com/watch?v=zVrUUItm27c

Diese Krise hätte bei genauerer Betrachtung von daher das Zeug, sich in Wahrheit als die größte Chance für die Erweiterung von persönlicher Freiheit und Kreativität ebenso wie für die Weiterentwicklung der ganzen menschlichen Zivilisation zu entpuppen …

Alles, was wir tun müssten, wäre, die Herausforderung anzunehmen, unsere Ängste und Panik vor Veränderungen beiseitezulegen und voller Zuversicht an die Gestaltung eines neuen Gesellschafts- und Wirtschaftssystems zu gehen …

Kann es mit Neoliberalismus / anderen Kapitalismusformen eine Lösung geben?

Klare Antwort: Leider nein!

Kapitalismus setzt auf (unendliches) Wachstum. Das gilt auch für die beinahe schon als sozialistisch zu bezeichnende Variante der Sozialen Marktwirtschaft, die in den Fünfzigerjahren des letzten Jahrhunderts errichtet wurde und die leider nur wenige Jahrzehnte überdauert hat[1].

Die Geschichte des New Deals in den USA oder auch der Sozialen Marktwirtschaft in Deutschland hat uns gelehrt, dass die Mechanismen des Kapitalismus so ausgeprägt sind, dass die Eigentümer von Kapital mit der Zeit immer in der Lage sein werden, aus jedem „Gefängnis", alias Regelwerk, das man ihnen überstülpen mag, auszubrechen. Für eine Übergangszeit mit einem klaren Ziel mag die Bändigung des Kapitals gelingen, jedoch niemals auf lange Sicht.

Das Problem, mit dem wir uns konfrontiert sehen, verlangt nicht nur den Verzicht auf Wachstum, sondern verlangt außerdem internationale Solidarität und Partnerschaft. Beides sind keine Tools, die der

---

[1] Ich will die Soziale Marktwirtschaft nicht wirklich als sozialistisch bezeichnen, denn das war sie nicht. Aber sie näherte sich dem Begriff schon deutlich weiter an als alle anderen Formen des Kapitalismus oder auch der Marktwirtschaft in der Geschichte der Menschheit zuvor

Kapitalismus in seiner Werkzeugkiste liegen hat, denn dort geht es um fressen oder gefressen werden.

Nun gibt es sehr viele Menschen, die glauben, dass die Entkoppelung von Wachstum von seiner Klimaschädlichkeit möglich ist. Ja nun, „glauben" kann man viel, siehe Religionen und ihre Milliarden Anhänger weltweit! Aber nur weil viele Menschen beispielsweise daran glauben, dass eine Kuh ein heiliges Tier sei, muss das noch lange nicht einer Wahrheit im wissenschaftlichen Sinne entsprechen. Und noch keine Religion hat ihre Anhänger davon bewahrt, groben Unfug anzustellen und das gilt in besonderem Maße für die Anhänger und Priester der Religion des Neoliberalismus. Ein wenig mehr Orientierung an Fakten schadet also nicht. Apropos, an Fakten wird von den „Rechtgläubigen" gern ins Feld geführt, dass sich in Deutschland das Bruttoinlandsprodukt seit 1990 fast verdreifacht hat. Wachstum vom Feinsten! Gleichzeitig ist der Ausstoß der wichtigen Treibhausgase massiv zurückgegangen, CO_2 von 100 % auf 61,2 %, N_2O von 100% auf beachtliche 52,5%, Methan gar von 100 % auf 41%[1]. Wenn das, die Halbierung der Treibhausgase bei gleichzeitiger Verdreifachung des Wachstums, nicht der alles schlagende Beweis ist!?!

Nein. Ist er nicht. Wie gesagt, das Problem kann nur global gelöst werden, das Klima wird seine Extremwetterphänomene nicht, weil Deutschland „so gut" gewirtschaftet hat, woandershin, in die Länder der „Sünder", vielleicht, umleiten. Außerdem ist diese Sichtweise krass gelogen, weil unzulässigerweise verkürzt. Das Methan, das eine argentinische Kuh für die Steaks auf deutschen Tellern ausgestoßen hat, ist in dieser Rechnung nämlich gar nicht mit drin. Das Soja, für das in Brasilien Millionen Hektar Regenwald brandgerodet (!) wurden und nach wie vor werden, das ebenfalls in die Fleischproduktion, auch hierzulande, fließt, ist darin ebenso wenig enthalten wie die Emissionen, die die Herstellung einer chinesischen Batterie bewirkt, die in ein deutsches E-Mobil eingebaut wird. Nicht zu vergessen, dass viele Kompensationsprojekte das Problem lediglich in die Zukunft verlagern, anstatt es zu lösen. Der Wald soll es beispielsweise nach dem Willen vieler Politiker richten. Der

---

[1] https://www.umweltbundesamt.de/daten/klima/treibhausgas-emissionen-in-deutschland#entwicklung-der-treibhausgase-kohlendioxid-methan-distickstoffoxid

Wald? Sicher, falls es gelänge, Wald aufzuforsten und den Baumbestand massiv auszuweiten (ohne dass Borkenkäfer und fortgeschrittener Klimawandel dieses Projekt zum Scheitern verurteilen, aber wir wollen ja nicht unken …), dann könnte eine solche Maßnahme in der Tat eine ganze Menge Kohlenstoff binden. Aber doch nur einmal! Während der das Wachstum stützende Konsum weiterläuft und mehr und immer mehr Treibhausgase freisetzt, zum Beispiel durch wachsenden Flugverkehr oder uneingeschränkte Schifffahrt. Den Wald, wenn er aber steht, weiter verdichten, geht schlichtweg nicht. Und was dann? Nicht mehr unser Problem, darum soll sich die nachfolgende Generation kümmern?

Ein weiterer, ebenso wichtiger Fauxpas, den diejenigen, die mit dieser Statistik argumentieren, begehen, ist die durch nichts zu rechtfertigende Beschränkung des Blickwinkels rein auf Treibhausgase. Denn das Problem des Raubbaus am Planeten geht weit über die Verbrennung fossiler Brennstoffe hinaus! Ich sage nur beispielsweise Lithium-Gewinnung … oder der Anbau von Avocados und anderen wasserintensiven Lebensmitteln, der in diversen Ländern (Peru, Chile, Spanien) für massive Wasserknappheit sorgt … oder die Überfischung der Weltmeere … et cetera, et cetera.

Sicherlich kann der Ressourcenverbrauch bei gleichbleibendem Konsum im Verhältnis mit der Zeit sinken. Durch technischen Fortschritt kann die Energieeffizienz gesteigert werden. Der Materialeinsatz kann optimiert werden, ab und an werden neue Materialien erfunden mit gleichen oder besseren Eigenschaften als zum Beispiel Eisen, das aber weitaus ressourcenschonender hergestellt werden kann. Aber momentan reicht unser Technologie-Level bei Weitem nicht aus, um den momentanen Ressourcenverbrauch auf die benötigten Grenzwerte zu drosseln. Selbst wenn wir in 20 Jahren technologisch tatsächlich so weit sein sollten, dass wir das hinbekämen – was höchst fraglich ist – … dann ist es zu spät, wir haben unsere Lebensgrundlagen mit unserem Giga-Konsum bis dahin derart zuschanden geritten, dass der Gaul einfach nicht mehr auf die Beine zu bekommen sein wird. Nein, die benötigten Veränderungen lassen sich bestenfalls mit einer massiven Drosselung des Konsums erreichen, die den Wachstumszielen im Kapitalismus aber diametral entgegensteht.

Kapitalismus hat zweifelsohne unglaubliche Eigenschaften, die keinem anderen System innewohnen: In ihm lassen sich die schlechten Eigenschaften des Menschen, Gier, Neid, Ehrgeiz, nutzen und in Produktivität verwandeln. Und eine Gesellschaft ist mit seiner Hilfe in der Lage, relativ rasch unglaublichen materiellen Reichtum zu erzeugen. Oder, wie es dem Ökonomen John Maynard Keynes einst untergeschoben wurde: „Der Kapitalismus basiert auf der merkwürdigen Überzeugung, dass widerwärtige Menschen aus widerwärtigen Motiven irgendwie für das allgemeine Wohl sorgen werden."[1]

Dieses System mag für geraume Zeit seine Existenzberechtigung gehabt haben. Doch *jetzt* zeigt uns der Planet eindringlich, dass dieses System sich überlebt hat. Und die Menschheit täte gut daran, sich dessen bewusst zu werden, denn die Frage „Kapitalismus oder wir?" stellt sich logischerweise gar nicht erst. Wenn der Ast erst einmal abgesägt wurde und wir mehr tot als lebendig auf dem Boden liegen, gibt es für uns nichts mehr zu sägen …

Welches Wirtschaftssystem soll es denn nun sein?

Ich habe keine Ahnung. Ehrlich. Ich kann zwar erkennen, dass diese Straße in die Zukunft unbedingt gebaut werden muss, bin aber bei Weitem nicht befähigt (oder legitimiert), sie auch zu bauen. Diese Ahnung kann ich auch gar nicht haben, denn es erfordert mehr als einen Menschen und es erfordert mehr als einen oberflächlichen Blick auf das Wesen des Problems und es erfordert vor allem Erkenntnisse und Erfahrungen in unglaublich vielen Disziplinen der Wissenschaft, um eine solche Frage beantworten zu können. Niemals könnte solch ein Modell im Kopf eines einzelnen Menschen entstehen, wenn es sich durchsetzen und vor allem funktionieren soll und wenn es sich weitgehender Akzeptanz erfreuen soll.

Sicher, gesellschafts- und wirtschaftspolitische Alternativmodelle gibt es seit geraumer Zeit, einige davon wurden auch bereits getestet,

---

[1] https://falschzitate.blogspot.com/2019/06/der-kapitalismus-basiert-auf-der.html

doch leider nicht gerade mit durchschlagendem Erfolg. Was noch nicht einmal unbedingt an den Systemen selbst gelegen haben muss, Ihre Misserfolge könnten auch an den historischen Rahmenbedingungen, an Aspekten, die man schlicht und einfach (versehentlich oder absichtlich) übersehen hat oder sogar an ganz bestimmten Menschen und deren Handlungen gelegen haben. Ungeachtet dessen bleibt ein Fakt, dass eine ganze Menge Menschen einen dicken Hals bekommen, wenn sie beispielsweise das Wort „Sozialismus" oder „Kommunismus"[1] hören und … verdenken kann man es ihnen nicht gerade, denn die Etablierungs-Versuche waren nicht eben von Erfolg gekrönt. Selbst die heute noch herrschende kommunistische Partei Chinas hat sich auf Staatskapitalismus verlagert und ihre ursprünglichen Ziele längst über Bord geworfen.

Nein, wer auf diese alten Modelle zurückgreifen möchte, kann nicht mit der Akzeptanz einer breiten Bevölkerung rechnen. Das Modell der Zukunft muss von Grund auf neu gedacht werden. Es muss die materiellen Gegebenheiten in Betracht ziehen, es muss Freiheitsideen bewahren oder sogar neue schaffen, es darf keine Existenzängste aufkommen lassen, es muss auf internationale Partnerschaft auf Augenhöhe ausgerichtet sein, es muss den unglaublichen Reichtum, sprich die Ressourcen dieses Planeten sinnvoll kanalisieren, es darf nicht korruptions- und missbrauchsanfällig sein. Und vor allem müssen für die überwiegende Mehrheit der Bevölkerung die Vorteile die Nachteile überwiegen … Nur dann, wenn die allgemeine Akzeptanz vorhanden ist und der Druck in der Bevölkerung für Veränderungen ausreichend hoch ist, wird eine Regierung, aus welchen Parteien sie sich auch immer zusammensetzt, bereit sein, an der Umsetzung mitzuarbeiten. Es wird natürlich nicht

---

[1] Zur Klarstellung: Sozialismus und Kommunismus sind *keine* Wirtschaftssysteme, sondern gesellschaftspolitische Modelle, die hierarchisch quasi als Meta-System über dem Wirtschaftssystem angesiedelt sind. So kann Sozialismus niemals das Gegenteil von Kapitalismus sein. Das Gegenteil von Sozialismus ist vielmehr Partikularismus, also die gesellschaftspolitische Fokussierung der Politik nicht auf das Wohl einer ganzen Gesellschaft, sondern auf das Wohl einzelner Personen oder Gruppen innerhalb der Gesellschaft, mithin auf Partikularinteressen. In diesem Sinne ist unser Grundgesetz ganz eindeutig sozialistisch ausgerichtet. Das gescheiterte Wirtschaftsmodell in „real existierenden" sozialistischen Ländern war die Planwirtschaft.

abgehen ohne die Widerstände seitens derer, die etwas zu verlieren haben – die Entscheider und Nutznießer in den großen Konzernen sowie
die Superreichen und deren Erfüllungsgehilfen. Andererseits: Kann die
Menschheit es sich leisten, auf derlei Befindlichkeiten einiger Weniger
Rücksicht zu nehmen?

Ein grundlegender gesellschaftlicher Wandel muss kommen und
wenn wir seine Richtung bestimmen wollen, müssen wir rasch handeln,
sonst „handelt" die Natur für uns … und das Ergebnis wird uns kaum
gefallen …

Fazit: Wie kann / muss es weitergehen?

Politische Parteien als Wegbereiter des Wandels?

Wer seine Hoffnungen in dieser Situation auf nationale politische Parteien setzt, der würde sich vielleicht viel Zeit und Energie sparen, wenn er stattdessen lieber gleich resignieren würde, denn Resignation wird in diesem Fall über kurz oder lang in jedem Fall eintreten.

Für ein LOkalRAdio in München durfte ich Vertreter*Innen aller großen Parteien zum Thema Klimaschutz interviewen; geholfen hat mir dabei der Post-Wachstums-Ökonom Prof. Dr. Dr. Helge Peukert von der Universität Siegen, der sich auch in das Gebiet Klimaschutz sehr intensiv eingearbeitet hat. Das Ergebnis war frustrierenderweise, dass wirklich keine Partei das Ausmaß (in einigen Fällen noch nicht einmal die Natur) des Problems erkannt hat und falls doch, sich jedenfalls scheut, die entsprechenden Konsequenzen zu ziehen. Das ist, wie zuvor dargestellt, folgerichtig, denn mit Apokalypsebotschaften lassen sich bei Wahlen nun mal keine Blumentöpfe gewinnen und ohne „Blumentopf" lässt sich nichts verändern.

Außerdem ... selbst, wenn eine Partei, wie, sagen wir mal, die LINKEN, die eigentlich nicht als die Superfans des Kapitalismus bekannt sind, tatsächlich die hier skizzierten Forderungen aufgreifen würden ... Ihr Engagement würde wirkungslos verpuffen. Denn die Umsetzung dieser Forderungen würde voraussetzen, dass just die LINKE als Wahlsiegerin aus den kommenden Wahlen hervorginge, und zwar so stark, dass sie daraus die Macht ziehen könnte, all das politisch auch umzusetzen. Utopisch? *Absolut* utopisch!

Nein, was wir brauchen, ist eine viel ambitioniertere Lösung, eine, die jede Partei an der Regierung umsetzen muss, unabhängig von ihrer politischen Ausrichtung ...

Wer kann den Lösungsweg skizzieren und die Straße in die Zukunft bauen?

Vor dem Bau einer sicheren Straße in die Zukunft müssen zuerst die Landschaft vermessen und die auftretenden Schwierigkeiten antizipiert werden. Es müssen die geeigneten Werkzeuge und genügend geeignetes Material bereitgestellt werden, vor allem muss erstmal ein Plan gezeichnet werden. Und der muss dann für alle Beteiligten verbindlich sein und doch flexibel genug, um im Falle einer unvorhergesehenen Schwierigkeit geändert werden zu können.

Wer kann komplexe Fragen beantworten? In der heutigen Zeit ist dies anerkannterweise ausschließlich die Wissenschaft. Und da liegt gleich das erste Problem. Eines der wesentlichen Gebiete, um die es hier geht, ist die Wirtschaft. Und mit den Wirtschaftswissenschaften ist das so eine Sache … Ich habe an anderer Stelle[1] ausführlicher deutlich gemacht, dass Wirtschaftswissenschaften in weiten Teilen mehr einer Religion oder Ideologie, wenn man so will, gleichen, als belastbarer Wissenschaft, wie wir sie zum Beispiel in den Naturwissenschaften kennen. Und die Akteure des Neoliberalismus haben in den letzten Jahrzehnten hart daran gearbeitet, beispielsweise über Drittmittelfinanzierung daran mitzuwirken, neoliberale Kandidaten respektive Anhänger der neoklassischen Theorien auf die Professorenstühle zu hieven, sodass andere als den neoliberalen Akteuren genehme Lehrinhalte aus den Universitäten weitestgehend verbannt wurden. Die Wirtschaftswissenschaften sind weltweit also neoliberal kontaminiert. Hier eine neutrale Expertise zum Neoliberalismus beziehungsweise Vorschläge zu seiner Überwindung zu erwarten, erscheint mir daher geradezu absurd. Dennoch werden Wirtschaftswissenschaftler zwingend mit von der Partie sein müssen, allerdings wird man bei der Auswahl darauf achten müssen, dass nicht ausschließlich die Handlanger der Profiteure des Systems mit an Bord sind.

---

[1] Ulrich Seibert: Die Diktatur des Monetariats – Neoliberalismus: Die Geißel des 21. Jahrhunderts, BoD, 2019

Des Weiteren werden Spezialisten aus anderen wissenschaftlichen Gebieten ihre Erkenntnisse beitragen müssen: Politikwissenschaftler*Innen, Sozialwissenschaftler*Innen, Biolog*Innen, Physiker*Innen, Psycholog*Innen, Statistiker*Innen, Philosoph*Innen, Ethnolog*Innen, Historiker*Innen, Informatiker*Innen, Landwirt*Innen und viele andere mehr. Dazu ganz normale Bürger*Innen ohne Vorkenntnisse! Ebenso wichtig wie der Wissenschafts-Mix ist der Nationalitäten-Mix, denn wir stehen, wie gesagt, vor einer globalen Aufgabe, was bedeutet, dass Menschen aus allen Kontinenten an der Lösung mitwirken müssen.

Ein Symposion dieses Ausmaßes ist teuer und muss finanziert werden, man denke allein an die Vergütungen der Teilnehmer, an deren Transport, Unterkunft, Verpflegung, an die geeigneten Räumlichkeiten und die Infrastruktur, die dort vorhanden sein muss. Und die Teilnehmer müssen lückenlos geschützt werden, da es, was ebenfalls bereits erwähnt wurde, durchaus Interessen gibt, einen Wandel selbst dann zu verhindern, wenn er für das Überleben der Menschheit essenziell ist. Es braucht also einen finanziellen Rückhalt, der von einer NGO (allein) eher nicht gestemmt werden kann. Dazu braucht es wohl weitsichtige, finanzkräftige Partner aus Wirtschaft und Politik.

Von diesem Symposion sollten schließlich Impulse ausgehen, die eine Richtschnur für die Politik und Ausrichtung der UN bilden können. Die EU-Kommission müsste diese Richtlinien aufgreifen und umsetzen. Dann, und nur dann, wenn die Mitgliedsstaaten der EU wiederum die daraus abgeleiteten Richtlinien von Europarat und EU-Kommission umsetzen *müssen*, kombiniert mit Druck aus der Bevölkerung selbst, besteht eine Hoffnung, dass diese hierzulande respektive international jede Regierung, die aus demokratischen Parteien besteht, unabhängig von der eigenen politischen Ausrichtung umsetzen muss. Und man wird sich bis dahin überlegen müssen, wie die internationale Gemeinschaft mit den Ländern umgeht, die sich aus nationalen Egoismen heraus zu einer Verweigerungshaltung entschließen ...

Ich weiß, Ziel und Plan bilden eine *Mission Impossible*.

Doch leider, die Zeit drängt, packen wir es an! ***JETZT GLEICH, BITTE!***

Danksagung

Die hier angesprochenen Themen kochen bereits seit Längerem in mir. Doch den Anstoß für diesen niedergeschriebenen Wutausbruch gab letztlich die Zusammenarbeit mit Herrn Prof. Dr. Dr. Helge Peukert von der Universität Siegen, mit dem ich die Ehre hatte, an mehreren Radiosendungen einer Sendereihe über Neoliberalismus zusammenarbeiten zu dürfen. Insbesondere aus den Erkenntnissen dieser Zusammenarbeit und der Lektüre des neuen Buchs von Herrn Professor Peukert („Klimaneutralität jetzt!", 2021, Metropolis Verlag, ISBN 978-3-7316-1470-8) erwuchs der Zorn über das Nicht-Handeln auf allen politischen Ebenen, der dazu führte, dass ich das Grobmanuskript innerhalb von zwei Tagen in einem Rutsch niedergeschrieben habe. Daher gilt niemandem anderen als dir, Helge, der Dank für die Inspiration dazu.

Die Message ist simple und in sich logisch. Doch ich bin nur ein kleines Licht mit äußerst begrenzter Reichweite. Der Aufgabe, diese Botschaft an allen maßgeblichen Stellen zu Gehör zu bringen, bin ich leider nicht gewachsen. Bei dieser Aufgabe könntest du, geneigter Leser, vielleicht helfen. Dafür sei auch dir mein Dank ausgesprochen!

Ein herzliches Dankeschön auch an meine drei Beta-Leser!

Copyright-Vermerk